William Bartels

Die Wortstellung in den Quatre Livres des Rois

William Bartels

Die Wortstellung in den Quatre Livres des Rois

ISBN/EAN: 9783744682954

Hergestellt in Europa, USA, Kanada, Australien, Japan

Cover: Foto ©ninafisch / pixelio.de

Weitere Bücher finden Sie auf **www.hansebooks.com**

Die Wortstellung

in den

„QUATRE LIVRES DES ROIS".

Inaugural-Dissertation

zur

Erlangung der Doctorwürde

der

philosophischen Facultät

der

Universität zu Heidelberg

vorgelegt von

William Bartels

aus Hannover.

Hannover.
Druck von Heinr. Höltje.
1886.

Meiner theuren Mutter.

Die Uebersetzung der „**Quatre livres des Rois**" ist, wie Le Roux de Lincy nachweist, in der ersten Hälfte des zwölften Jahrhunderts entstanden. Wahrscheinlich war der vom Uebersetzer benutzte Text ein Manuscript der Vulgata des hl. Hieronymus. An vielen Stellen weicht er jedoch davon ab und giebt der **Versio italica** den Vorzug. Häufig fügt er auch Stellen aus dem **Paralipomenon** ein. Die Uebersetzung ist äusserst frei und der Einfluss der lateinischen Wortstellung verschwindend klein zu nennen, wenn überhaupt von einem solchen die Rede sein kann, denn zwischen der originalen französischen Prosa, d. h. nicht Uebersetzungsprosa, des Zeitalters, in dem die Uebertragung der Quatre livres des Rois entstand, und der übersetzten Prosa ist ein Unterschied kaum zu erkennen. Proben von der originalen Prosa des Bearbeiters der vier Bücher der Könige finden wir in den zahlreichen Commentaren*), welche, den Text erläuternd, am Fusse der Uebersetzung gegeben sind.

Während sich in der Wortstellung der poetischen Denkmäler ein grosser Einfluss des Metrums und der Assonanz geltend macht, tritt uns in der knappen, meist unpoetischen Sprache der „Quatre livres des Rois" die Stellung der Worte so entgegen, wie sie in der ersten Hälfte des 12. Jahrhunderts gebräuchlich gewesen sein muss.

---

*) Die Commentare stützen sich auf:
Sanctus Hyronimus, Lib. de quest. sup. regum.
Isidorus, Liber de ignotis partibus Veteris et Novi Test.
Sanctus Paulus, Epistola ad Hebraeos Gregorius, Beda, Augustinus.
Paralipronomon, vgl.. Le Roux dé Lincy pp. CXX u. CXXI.

Meiner Arbeit liegt die einzige bis jetzt erschienene Ausgabe von Le Roux de Lincy, Paris 1841 zu Grunde, die
einen Theil der zweiten Serie der „Collection de documents
inédits sur l'histoire de France" bildet.

Es sind bisher folgende Monographien über altfranzösische Wortstellung erschienen:

P. Krüger: Ueber die Wortstellung in der französischen
Prosalitteratur des 13. Jahrhunderts. Berlin 1876. Recension: Zs. I. 577, Stimmig.

Le Coultre: De l'ordre des mots dans Chrestien de Troyes.
Dresde 1875. Rec. von Tobler. G. g. A. 1875. St. IV.

H. Morf: Die Wortstellung im altfranzösischen Rolands-
liede. Rom. Stud. III. p. 199—294. Vgl. Zs. III. p.
144—146, Rom. 1878, Bd. 7, 632.

B. Völcker: Die Wortstellung in den ältesten franz.
Sprachdenkmälern. Franz. St. III. Heft 7.

J. Schlickum: Die Wortstellung in der altfranz. Dich-
tung „Aucassin et Nicolette." Franz. Stud. III. Heft 3.

G. Marx: Ueber die Wortstellung bei Joinville. Franz.
Stud. I. p. 315—360.

E. Ebering: Syntaktische Studien zu Froissart. Zs. f.
vom Phil. V. 323, wo der Verfasser einige Kapitel der
Wortstellung behandelt.

Ernst Höpfner: Die Wortstellung bei Alain Chartier und
Gerson. Grimma 1883.

In der Anlage des Stoffes habe ich mich im Allgemeinen an Höpfner angeschlossen, der sich seinerseits auf Morf
und Schlickum stützt.

Citirt habe ich nach Seite und Zeile, nicht, wie Le
Roux de Lincy selbst, nach Buch, Kapitel und Vers, da
diese letztere Zählung für das Nachschlagen sehr umständ-
lich ist.

Folgende Grammatiken sind berücksichtigt worden:

Fr. Diez: Grammatik der romanischen Sprachen. 3. Aufl. Bonn 1870—72.

Ed. Mätzner: Syntax der neufranzösischen Sprache. Berlin 1845.

Dr. Gustav Lücking: Französische Schulgrammatik. Berlin 1875.

Es wird behandelt

im I. Theil:

Die Stellung von Subject, Object, Praedicativ und Adverbiale zum Verbum.

im II. Theil:

Die Stellung der von einem Infinitiv abhängigen Satzglieder zu Infinitiv und Verbum finitum.

im III. Theil:

Die Stellung des Attributs zu seinem Bestimmungswort.

Erster Theil.
Stellung der Satzglieder zum Verbum.

I. Stellung des Subjects zum Verbum.

a. Stellung des Subjects im aussagenden Hauptsatze.
I. Im uneingeleiteten Vordersatze.

cfr. Diez, Gramm. III, 463; Mätzner, Syntax § 486;
Mätzner, Gramm. § 254; Le Coultre p. 12; Krüger p. 35;
Marx p. 338; Schlickum p. 2; Morf p. 205.

Bei Diez und Mätzner finden wir die Behauptung, dass
das Verb — sei es transitiv oder intransitiv — in Poesie
und Prosa an die erste Stelle des Satzes treten könne und
so eine Inversion des Subjects bewirke. Le Coultre belegt
dagegen diese Fähigkeit nur in dem Masse, wie sie auch im
Neufranzösichen sich zeigt, d. h. nach gewissen intransitiven
Verben, wie venir, suivre. Morf weist für das Rolandslied
nach, dass dort die Inversion nach den verbis dicendi die
gewöhnliche Stellung ist. Schlickum bestätigt dies für „Aucassin et Nicolette", obgleich sich dort nur ein Beispiel für die
Inversion des Subjectes findet; auch bei Gerson und Chartier beschränkt sich die Inversion nur auf einige intransitive
Verba.

Wenn Morf p. 205 ff. von „unbedingter Inversion" re-
det, so ist ihm das Falsche dieser Aufstellung schon von
Tobler (G. g. A. 1875. St. IV.) nachgewiesen, indem dieser
sagt: Das Subject tritt hinter das Verbum, wenn auf ihm
das Hauptgewicht der Aussage liegt.

Bei Voranstellung des Subjects ist das Verb der eigentliche Kern der Aussage, doch hat die Inversion nicht immer die angegebene Bedeutung; das Subject kann auch ohne allen Nachdruck hinter dem Verbum stehen, gewissermassen als nachträgliche Erörterung zu demselben. Dass zur Zeit der Abfassung der „Quatre Livres des Rois“ ein festes Gesetz über die Inversion des Subjectes noch nicht existirt hat, zeigt das häufige Schwanken. Es tritt Inversion sehr oft ein nach den verbis dicendi, aber auch nach intransitiven Verben:

Respundi Anna: Ne me tint si 4,3.

Respundi li évesches: Ne t'apelai pas 11,13.

Desplut mult ceste parole à Samuel 26,15.

Respundi li altres: Jo ai ici alques d'argent 29,18.

Respundi Saül: Mult as bien dit 30,1.

Respundi li poples: Fait ne l'avez 38,14.

Vindrent li plusur en une lande ù il truvèreut miel 48,14.

Vint la nuvele à Saül que li poples out péchié 49,12.

Discunfist Amalech à un host 52,6.

N'est pas bon li cunseilz 181,12.

Curecèrent s'en les princes des Philistiens 112,10.

Entrebaisèrent sei David e Jonathas 82,9.

In diesen letzten beiden Fällen sehen wir das Subject auch nach reflexiven Verben invertirt.

Beispiele für die **regelmässige Stellung des Subjectes** vor dem Verb:

Cil respundid: Uns homs Deu est en ceste cité 29,12.

Saül respondid: Or seit 29,15.

Samuel cumandad que 57,12.

Deus reparlad à Samuel 58,1.

Nostre Sires respundi 58,6.

Saül sout la nuvele 89,18.

Li seis Salamon enamad femmes estranges 275,8.

Joïada fist ferme aliance entre nostre Seignur 387,17.

2. im eingeleiteten Vordersatz.

Als einleitende Satztheile finden sich: coordinirende Conjunctionen, Adverbien und adverbiale Bestimmungen, Object, praedikative Bestimmung, attributive Bestimmung.

a. coordinirende Conjunctionen.

Le Coultre (p 17) behauptet: Il va sans dire que l'inversion du sujet n'a jamais lieu après les conjonctions coordinatives. Dieser Satz in seiner Allgemeinheit hingestellt, ist unleugbar falsch, wenn er auch für Chrestien zutreffen mag.

Auch Krüger's allgemein gehaltene Behauptung (p. 36): „Coordinirende Conjunctionen kommen dabei ausser Betracht" wird durch unser Denkmal sowie durch viele andere widerlegt.

Et

E frad nus alcun adrécement 29,19.

E vint la fame á tuz ces des Israel 42,7.

E levèrent un cri Saül e ces ki furent od lui 47,19.

daneben aber auch, und zwar häufiger, findet sich die regelmässige Stellung nach et:

E Den fist merveilluse salud par lui 74,1.

E David vint in champ 74,8.

E David harpout devant Saül 74,12.

E enqueste ert faite de tun siège 79,14.

Nach **car** finden sich nur seltene Fälle von Inversion:

Kar rebuchié furent lur hustilz de fer 44,17.

Kar si l'm'ad cumanded nostre Sires 278,12.

Dagegen tritt das Subject vor das Verb:

Kar li poples le volt lapider, kar li quers de chacun fud en anguisse 114,10.

Donc hat häufige Fälle von Inversion nach sich:

Dunc dist Saül: Faites ci venir 50,13.

Dunc menad Ysaï ses set fiz devant Samuel 59,8.

Dunc firent lur aliance Jonathas e David 79,6.

Dunc redist Hélyes à Hélysée 347,17.

Dunc en alèrent li treis reis al prophète Hélyseu 352,15.

Dunc ne rendreit nule pestilence sur le pople 217,9 Anm.

Sehr selten findet sich Umstellung nach **mais**:

Mais cultivout Astart la deuesse de Sydonie 276,5.

Mais parmi la feste partirunt ces ki à la preie vunt 117,9.

Beispiele für die regelmässige Stellung:

Mais une lignée larrai à sei heirs par mun serf David 279,6.

Mais Saül enveiad ses humes 74,15.

Mais tu ne l'fras pas 260,9.

Mais Absalon mandad dunc Cusäi 181,9.

Mais rochiers e derubes estrient merveillus puignanz e tranchanz 45,13.

Häufig wird Umstellung nach **lores** gefunden:

Lores prist Athia sun mantel 279,11.

Lores levad li reis 191,9.

Lores se curuchad li reis 81.3.

Lores li dunad li prestres li pain 84,1.

Lores s'enfuid Adad en Egypte 277,12.

Lores se apruchad li reis Josaphat 341,20.

Lores ne fud nuls reis de Edom 342,7.

Lores levad li reis de terre ù il giseit 160,14.

Nichtinversion dagegen begegnet in folgendem Beispiel, wohl aus Rücksicht auf die Deutlichkeit:

Lores Zecrum . . ocist Massiam le fiz du rei 397,15.

Nepurquant veranlasst selten Inversion:

Mais repurquant bones unt esté tes uevres 340,5,
während sich in folgenden Fällen die regelmässige Stellung des Subjectes vor dem Verb findet:

Nepurquant il se dormid 156,4.

Mais nepurquant il sewid les traces 351,4.

Mais nepurquant chascunes des gens ki . . . s'i's mistrent as temples 404,6.

Nepurquant il cultivèrent nostre Seignur 404,13.

Hieran möchte ich noch eine Bemerkung mit Beziehung auf **donc** knüpfen.

Neben den vielen Beispielen, in denen diese Conjunction Inversion verursacht, lässt mich auch noch eine Anmerkung auf p. 40 unserer Ausgabe, die sich auf den Satz:

Dunc li uns dist 49,1

bezieht, zu dem Schlusse kommen, dass Inversion nach dunc die Regel war. Dort heisst es nämlich:

Ces mots sont ainsi placés dans le manuscrit mais ils sont surmontés de deux traits rouges qui semblent indiquer qu'on doit lire: Dunc dist li uns. *)

b. Adverbien und adverbiale Ausdrücke.

Es kommt für die Stellung des Subjectes hier nicht in Betracht, ob sich das Adverb oder die adverbiale Bestimmung auf das Verb oder auf einen andern Satztheil bezieht, auch ist es irrelevant, ob die Verben transitiv oder intransitiv sind.

In der Regel findet sich nach Adverbien und adverbialen Bestimmungen Inversion des Subjects, sei dasselbe nun nominal oder pronominal.

Demain iert la feste des Kalendes 77,15.

De rechief criad Jonathas 82,3.

A ces motz se apruchad Sédéchias li fis Chanaan à Micheé 337,17.

A cel ure i out uns prophètes Obed par num 397,19.

A cel ure fist li reis Ezéchias déspescier les portes del temple 407,14.

Pur ço assemblèrent tuit 138,4.

Pur ço fud apelez cil lieus Baal Pharasim 138,12.

De ça sunt les sajettes 79,20.

Encore redist Michée 337,3.

---

*) Anm: Hier und in allen ähnlichen Fällen ist vielleicht der Grund im epischen Stile zu suchen, oder sollte germanischer Einfluss anzunehmen sein?

Encore en sun tens fist li poples ses sacrefises e ses ob-
lations as munz 395,14.

Mais encore faisait li poples ses sacrefises as munz 233,14.

A tant cessad David à pursieure Absalon 167,9.

De altre part ço dit nostre Sires del rei des Assiriens 415,10.

A tant s'enturnad Samuel 56,19.

A tant entendid Jonathas 81,11.

A tant prist Hélyes sun mantel 348,13.

Doch findet nach Adverbien und adverbialen Bestimmungen auch die regelmässige Stellung des Subjectes statt;
wo dasselbe ein Personalpronomen ist, wird es meist ausgelassen.

Si jo li di 79,20.

Quant nostre Sire esracerad 79,3.

Cume li reis se fud asis dans une chaere 80,9.

Le matin Jonathas vint as champs 81,15.

Lendemain murent e errièrent par lo désert de Tecue 341,9.

Dérechief i enveiad un altre de ses cunestables 345,18.

Dérechief David assemblad trente milie de . . . 139,8.

Pur ço Saul ne pout David de bon oil véer 70,10.

Pur ço li reis Joram assemblad sa ost 352,3.

A tant li prudum d'ilye s'entuinad 287,14.

A tant ces del host rendirent la preie 398,7.

c. Durch das Object.

Es ist hierbei einerlei, ob das Subject zu einem Verbum finitum oder zu einem davon abhängigen Iufinitiv gehört.

Inversion: Statues e ymagines fist il jeter en l'onurance
Baalim 296,11.

Tute la malvaise gent, e les ydles e les ordéez ostad de
la terre li reis Josias 429,13.

Tuz les temples . . batid Josias 429,1.

Tut dunad acuma al rei 229,6.

E un ydle fist lever e asséer 420,7.

(Wenn das Object durch ein personalpronomiales Object wieder aufgenommen wird, so tritt Inversion nicht ein. Uebrigens sind Fälle dieser Art in unserem Texte sehr selten.)

> Lur citez guarnies tu les arderas 375,18. Ceste maisun
> que tu fais ... jo la frai ferme e estable 251,8.

Wenn man die directe Rede als Object zu dem in dieselbe eingeschalteten Hauptsatz ansieht, so findet auch hier Inversion des Subjectes statt, und zwar so, dass der Hauptsatz in die directe Rede eingeschoben oder ihr nachgesetzt wird.

> E purquei, dist David, fus si fol 122,1. Rusée ne pluie
> ne vienge sur vus, nus fist il puis 122,18. E à la-
> quelle? fist David 124,3. Ah! fist se le reis 133,3.
> Sire, sire fist Absalon 165,13.

d. Kann eine praedicative Bestimmung, die den Satz einleitet, Umstellung des Subjectes bewirken.

Auch im Neufranzösischen ist ja Inversion in diesem Falle nicht selten, doch kann dann das Praedicat nur Adjectiv oder Substantiv sein, während es im Altfranzösischen auch ein Particip sein konnte, — ein Beweis dafür, dass Copula und Particip nicht zu einer Zeiteinheit verwachsen sind, sondern noch als Zweiheit gefühlt werden. Cf. Morf p. 214.

> Moris est li tuns 236,13. E veraies serrunt tes paroles
> 146,6. Bone est la parole que nostre Sire dist 419,3.
> Ne sunt pas bones les paroles 225,15. Bele fud la feste
> e bele la oblatiun 234,5. Veire est la renumée que oï
> de tei en ma terre 272,5. Tel fud l'asise le rei Salamon
> 281,13. Grant fut la feste que li reis tint 266,9.

e. Eine attributive Bestimmung.

Inversion: De treis altres murs fud li temples avirunez 251,4. De tutes arbres parlad li reis e desputad e les natures mustrad 241, 4.

Regelm. Stellung: De ces nuveles tuit furent esfrées 226,12

f. Ein Infinitiv.

Die Fälle, wo ein Infinitiv Inversion verannlasst, sind in unserem Texte äusserst selten. In dem Beispiele, wo ein Infinitiv den Satz einleitet, ist das Subject ausgelassen; ich stelle es nur der Vollständigkeit wegen hierher:

Parler voldraie un poi à tei si te ploust 229,1.

4. Im uneingeleiteten Nachsatz.

Während im Neufranzösischen in diesem Falle nie Inversion eintritt, hat Krüger sie als ziemlich häufig für das XIII. Jahrhundert nachgewiesen; im Roland wird fast nie im uneingeleiteten Nachsatz das Subject invertirt. Schlickum sagt p. 6, dass bei Joinville Umstellung nach Adverbialsätzen des Grundes die Regel ist. Unser Text zeigt keine Inversion, wie die folgenden Beispiele beweisen:

1) Lores quant ure fud de faire le sacrefise, Hélyes fist sa ureison 318,4.

2) E cum cil chantout, la grâce Deu e sa démunstrance fud faite al prophète 353,7.

3) Cum cil fud del chemin remuez, tuit le poples sewid Joab pur pursieure Siba le fiz Boeri 199,4.

4) Si veirement cume nostre Sire vit, devant ki jo sui, se ne fust pur le rei Josaphat, jo ne te veisse 353,3.

5) cume le reis e tuit li poples ourent passed le flum, li reis s'abaissad 195,18.

Hier ist durchaus kein Einfluss des lateinischen Urtextes wahrzunehmen, denn dieser zeigt in den Fällen 1, 2, 3 und 5 Inversion, während in 4 das Subject im Lateinischen nicht ausgesetzt ist.

5. Im eingeleiteten Nachsatz.

Hier kommen dieselben Regeln in Anwendung, die für den eingeleiteten Vordersatz aufgestellt wurden, nämlich dass Adverbien und andere Satzglieder Inversion bewirken. Die Beispiele hierfür begegnen jedoch nur sehr spärlich.

b. Stellung des Subjectes im Heischesatz.

Wie im asserirenden Hauptsatz, so können auch im Heischesatz coordinirende Conjunctionen, Adverbien und praedicative Bestimmungen Umstellung des Subjectes bedingen, doch ist die regelmässige Stellung des Subjectes **vor** dem Verb für unser Denkmal überwiegend.

a) Vus, filles de Israel, plurez pur Saül 123,7. Mais Deus rende à ces qui mesfunt, sulunc lur malice 133,15. Sire, Sire atend a mei 5,11. Mais ore, sire reis, oi ma paparole 105,3. Li Deus de ma salud iert eslevez 209,19. Pur ço li péchiez seit sur lui 231,16. Deu me seit propice 330,4. Mai pais seit e léelted tut mon vivant 419,4. Cel mal vienge sur mei 230,5. Damne Deu receive e oie tes orisuns e tes prières 219.

Mit Morf nehme ich an, dass, trotzdem man, wie die folgenden Beispiele beweisen, manchmal Umstellung findet, das Wort „Gott", seines ethischen Gewichtes halber, gern an die erste (resp. zweite) Stelle des Satzes gestellt wurde.

Invertirtes Subject in Heischesätzen:

Bénéit seit mis Deus 209,19. Salf seit li reis 179,18. Bénéit veiez-vus de nostre Seignur 124,13. Ico face Deus à mei 129,16. Vienge un vadlet pur hoc 105,15. Vived e salf seit li rei Salomon 224,11.

In allen diesen Fällen zeigt das lat. Orig. ebenfalls Inversion.

b) Nach **et** findet keine Inversion statt:

E vus, munz de Geboé, rusée ne pluie ne vienge sur vos 122,18. E pur ço nostre Sire vous face merci 124,15. E nostre Sire rende à chascun sulunc ses dreiturières ovres 105,17. E tis num seit magnefied tuz dis 145,19. E ore vus haitez e seiez pruz 124,18.

Wie im Neufranzösischen, so haben wir auch in unseren Texten keine Umstellung in solchen Heischesätzen, die mit **que** eingeleitet werden.

c) Qu'il li gardassent sein e salf Absalon 186,6. Que les filles des Philistiens ne se haitent ne les filles de ces ki ne pas sunt circumcis, s'esléecent 122,15. Que le règne seit del tut remued de Saül 129,19.

Anm. ad a) Bei den nichtinvertirten Beispielen stimmt die französische Wortstellung mit der des lateinischen Originals in 6 Fällen überein; wo wir im französischen Texte Inversion haben, findet sie sich auch im lateinischen.

ad b) Nach **et** finden wir einmal ein Abweichen von der lateinischen Stellung.

ad c) Alle drei angeführten Beispiele haben in der lateinischen Vorlage Inversion, also zeigt sich auch hier wieder die Unabhängigkeit des Stils unseres Uebersetzers von seinem Original.

c. Stellung des Subjectes im Fragesatze.

Mit Lücking (p. 256 ff.) unterscheiden wir:

1) Bestimmte Frage oder Entscheidungsfrage. Hier wird die Frage durch die Wortstellung ausgedrückt.

2) Unbestimmte Frage oder Bestimmungsfrage, eingeleitet durch interrogatives Pronomen oder Adverb.

I. Bestimmte Frage.

Im Neufranzösischen macht man einen Unterschied zwischen pronominalem und substantivischem Subject; das erstere wird einfach invertirt, das andere tritt dagegen an die Spitze des Fragesatzes und wird hinter dem Verbum durch ein personales Pronomen wieder aufgenommen. Für diese letztere Stellung werden von Morf und Krüger nur spärliche Beispiele beigebracht, in unserem Denkmal ist mir nicht eins begegnet. Nominales wie pronominales Subject wird einfach dem voraufgehenden Verbum nachgestellt.

Höpfner führt für Chartier und Gerson einige Belege an, die beweisen, dass im XIV. und XV. Jahrhundert die neufranzösische Stellung schon geläufig war.

2

As-tu espérance en cez de Egypte ki suut cume bastuns de rosel? 408,12. Viens-tu ci en amour e en pais? 58,12. Sunt se nettemeut guardé tes vadlets? 83,10. Faillentnus dunc homs forsenez? 85,5. Ad ci nul prophète nostre Seignur par ki nus le depréium? 352,12. Est-se si aprestée amère mort?

2. Unbestimmte Frage.

Dieselbe wird entweder durch ein Interrogativpronomen oder durch ein Adverb eingeleitet.

Wenn das Fragepronomen Subject oder Attribut des Subjectes ist, so steht es an der ersten Stelle des Satzes:

Qu'est-ce iço que est avenud a Saül le fiz Cis? 34,3. Qu'as-tu fait? 51,9. Ki sui-jo e de quel afaire de quel lignage, que jo seie gendre le rei 71,11. Que dient cestes geuz qui sunt ci venuz? 418,11. Quels est li esforz e la fiduce 408,8.

Wo ein Satz sonst durch ein Fragewort eingeleitet worden, findet sich das Subject immer dem Verb nachgestellt; Wiederaufnahme durch ein Personalpronomen findet nicht statt.

Purquei ne vint le fiz Ysai 80,17. U est li reis de Emath e de Arfart 413,1. Allas, cument i chaïrent li bon vassal e li vaillent champiun 122,14. Purqueis ad nostre Deus assemblez ci nus treiz reis? Cument vols-tu nus pursuire senz merci jesque à la mort 127,9. Cument sunt teles les citez et les chastels que mis amis m'adduned? 269,6.

Hier lassen sich schicklicher Weise **die Ausrufsätze** anreihen, da ihre Form dieselbe ist wie die der Fragesätze.

Auch hier folgt das Subject dem Verb wie im Neufranzösischen.

Cument donc cumprendrad le ceste maisun que fait ai en l'onurance de sun num 26,19. Cument purrad-il à sun seignur plasir mielz que par noz testes trencher 112,13.

Dun n'est ço David dunt il chantèrent as charoles: Saül
ocist nul e David dis milie? 112,15. Allas! cument i
chaïrent li bon vassal e li vaillent champiun 122,14.

Da die Fragepartikeln num, nam, nonne, die in der lateinischen Vorlage meistens die Fragen einleiten, im Fran-·
zösischen verschieden ausgedrückt sind, so ist auch wohl kaum
von einem Einflusse der Wortstellung des Originals auf unsere
französische Bearbeitung zu sprechen.

Uebrigens lassen sich die erwähnten Ausrufsätze theil-
weise auch als Fragen fassen.

d. Stellung des Subjectes im Nebensatz.
1. Conjunctionaler Nebensatz.

Die Inversion kommt in dieser Art von Sätzen nicht
häufig vor.

Sie kann bewirkt werden:

a) durch Adverbien und adverbiale Bestimmungen, wie:
Que de mon lignage ne sièce alcuns al sied réal de Israel
227,12.

Hier kann die lateinische Wortstellung nicht von Einfluss gewesen sein, da die Stelle sehr frei übersetzt ist.

b) Bewirkt praedicative Bestimmung Inversion:
Que morz n'i fud Abner par le rei 133,11.

c) Durch das Object.

Nach modalem „comme" Inversion:
Car ma gent ne sevent pas tant de charpenterie cume sevent ces de Sydoni 242,15. E si tu me serfs cume fist
tes pères 268,1.

Bei dem letzten Beispiele findet auch im lateinischen
Texte Inversion statt und dürfte das wohl der Grund für
dieselbe im Französischen sein.

Höpfner belegt für seine Texte einige Stellen, wo nach
que, das sich auf einen Comparativ bezieht, Umstellung statt-

2*

findet; bei dem einen Beispiel, welches mir in den Q. L. d. R. begegnet ist, tritt sie nicht ein, ein anderes dagegen stellt das Subject ans Ende.

Regelmässige Stellung:

E plus fud saige que huem ki vesquist 240,15.

Inversion:

E plus le attarièrent que fait n'en ourent lur ancestres 295,3.

Bei dem invertirten Beispiele lässt sich lateinische Einwirkung nicht verkennen.

2. Indirecter Fragesatz.

In den folgenden Beispielen haben wir Nicht-Inversion: E la dame enquist erranment se il venist par bien e en pais 228,18. Purquei requiers que jo lui duinse Abisag de Sunam? 230,1. Mais requiers que jo lui duinse mun règne 230,2.

Das vorherrschende Auftreten der direkten Frage in der Vulgata erklärt leicht den Mangel an Beispielen von indirecter Fragestellung im französischen Texte.

3. Relativsatz.

Wie im heutigen Französisch, so finden wir auch in unserem Denkmal häufig Inversion des Subjects in Relativsätzen, während die Mehrzahl der Beispiele, die von Höpfner, Schlickum, Le Coultre*) angeführt werden, eine Abneigung des Altfranzösischen gegen Inversion im relativen Nebensatze darthun.

Die Inversion tritt sowohl ein nach dem Relativpronomen als nach dem Adverbium où.

Lores Zecrum ki fud unq huem puissanz de Effraim 397,12. Pulceles ki furent filles le rei 164,14. Returnèrent de là ù ourent laruns pris et ocis 131,11. La à fud li conduiz del ewe 137,4. E tu sez bien que fait

---

*) Le Coultre nennt sie „assez fréquente."

me ad Joab le fiz Sarvie 227,14. A tuz ces chevals
truvèrent furre e provende ù ke fust li reis 240,13.
Une riche maisun refist ù fud li siez réals 266,22.

Die regelmässige Stellung nach où haben wir:
Je passserai le pas ù tuit passent 227,5.

Nach où finden wir also beide Stellungen; nach Mätzner § 494 tritt im Altfranzösischen dann keine Inversion
nach où ein, wenn das Verb estre ist; Höpfner belegt ebenfalls Umstellung nach où.

. In zwei Fällen können wir die wörtliche Uebereinstimmung mit dem Lateinischen, das hier auch Inversion hat,
nachweisen.

Trennung des Subjects vom Verb.

Es ist nicht nötig, dass das Subject dem Verbum immer
unmittelbar vorausgeht, sondern es kann, selbst, wenn es
invertirt ist, in allen Sprachen davon getrennt werden; doch
tritt bei invertirtem Subject selten eine Trennung ein.

Die Satzglieder, welche eine Trennung verursachen,
sind — und zwar meistens — Adverbien oder adverbiale
Bestimmungen; zuweilen werden Subject und Verb jedoch
auch durch Praedikat und Object getrennt.

Mais Areuma e ses quatre fiz od lui, cume il virent l'an-
gele eranment se muscèrent 218,16. Adonias mesme,
pur la crieme del rei Salomun, entred el tabernacle nostre
Seignur 226,14.

Das Object tritt trennend ein.

E Dieu li dunad tele grâce que il neis encountre déables
tel chose truvad ki 241,9. Anm. Tis fiz qui après tei
régnerad mun temple me édifierad 242,12.

Wenn personal-pronominales Subject dem Verb folgt,
so kann es, wie auch im Neufranzösischen, nie davon getrennt werden, doch wenn es dem Verb vorangeht, so finden
sich im Altfranzösischen nicht nur wie im Neufranzösischen

die Negationspartikeln und die Adverbien **en** und **y** als trennende Glieder, sondern Satzteile jeder Art können als solche
auftreten. Ein Grund dafür ist darin zu suchen, dass die
persönlichen Pronomina früher, noch bis ins XV. Jahrhundert hinein, z. T. betont waren.

> Que tu en la Ruge Mer ocis 145,13. E jo del mien lur
> durrei 242,14. E quant il i vindrent 75,16. Jo şi sui
> enuinz e sacrez 133,14. E ele si out, tierz jur après
> 236,1. Car ele en dormant le aochad 236,3.

Wenn das Subject, (nicht personal-pronominales) dem
Verbum voraufgeht, so kann es von demselben getrennt werden, namentlich, wenn das Relativpronomen Subject des
Satzes ist; z. B.:

> Celi ki primes en la cited enterreit 127,3.

Trennung von Subject und Verb

1. durch adverbiale Bestimmungen:

> E Joab, à ces paroles, chaï à terre e aurad 170,16. Ki
> bien se pourent défendre e cumbattre 216,11. Mes
> humes i serrunt od les tuens 242,14.

2. Durch praedicative Bestimmung:

> Ki maistres fud entre les treis cumpaignuns 213,10.

3. Durch das Object:

> Que l'um l'enfant dut détrenchier 237,1. Ki harper sache
> 60,3. Li reis le out fait 279,6. Joab tuz les altres pas
> sad 137,8. Si que mis pères mot ne sout 231,15. Li
> reis Yram ses messages al rei Salomun enveiad 243,4.
> Pur ço Salomun plus acuragéement el temple uvrad
> 351,22.

Wenn **mehrere Subjecte** vorhanden sind, so gehen
sie gewöhnlich

a) dem Verbum voran:

> E David e tuz ces de Israel juèrent 139,14. E li reis e sa
> cumpaignie portèrent 141,12. Saroi li prestres e Na-

than li prophète e Banaïas le fiz Joiada e Cereti e Phe-
leti assistrent Salomun 225,1. Jo e ceste mechine avum
més en une maisun. Mais David, e sun lignage, e sa
maidnée, e sun trône seit en la pais nostre Seignur tut
dis 231,17.

b) Doch findet sich auch Inversion :

A sun quesine furent asis chascun jur, dis bués gras de
guarde e vint ki veneient de la cumune pasture, e ceut
multuns etc. 239,19.

II. Stellung des Objectes zum Verbum.

Schon im Altfranzösischen sehen wir das Entstehen einer
Scheidung zwischen nominalem und pronominalem Subject,
aber während sich bestimmte principielle Regeln für die Stellung des Subjects für die ältere Zeit noch nicht aufstellen lassen,
so müssen wir heute bei der Stellung des Objects genau
unterscheiden, ob dasselbe nominal oder pronominal ist.

Die im Neufranzösischen für das Object fixierte Stelle
hinter dem Verb ist teils begründet durch den Verlust der
Casusendungen, die im Altfranzösichen Nominativ und Accusativ meistens unterscheiden, teils dadurch, dass ihm dieser
Platz als Ergänzung des Verbes aus natürlichen Gründen
zukommt.

a. Das nominale Object.

In den Q. L. d. R. ist die im Neufranzösischen übliche
Stellung: **Subject, Verb, Object,** die bei weitem häufigere.
Li reis Salomun enamad femmes estranges e de altre païs
275,8. Nostre Sires enveiad un sun prophète à Salomun 276,17. Sedechias le fiz Channaa se fist cornes de
fer 335,15. Li Philistiens aprestèrent treis cunreis 44,7.

Die Trennung von Object und Verb durch Adverbien
und adverbiale Bestimmungen gehört zu den Seltenheiten
wie im Neufranzösischen.

I. Object, Verb, Subject.

Diese Stellung begegnet häufig; zu den auf p. 13 erwähnten Beispielen fügen wir noch die folgenden hinzu:
Que merci freit e honur 151,7. Tuz les temples ... aba-
tid Josias 429,1. Tute la malvaise geut e les ydles e
les ordéez ostad de la terre li reis Josias 429,13. Tut
dunad Areuma al rei 219,6. Mil oueilles offrid li reis
sur l'autel ki fud en Gabaon 234,6. Quarante milie
chevals out en estable li reis 240,9.

2. Object, Subject, Verb.

Als selbstverständlich lassen wir diejenigen Fälle aus,
in denen das Relativpronomen Object ist, da dasselbe stets
voraufgeht und die Wortstellung nicht beeinflusst.

Die Stellung Object, Subject, Verb ist aber bis zum
13. Jahrhundert nicht möglich, da, wenn das Object den Satz
einleitet, dasselbe immer Inversion des Subjects bewirkt.
Bei Joinville und Froissart sind solche Stellen allerdings belegt, ebenso bei Gerson und Chartier von Höpfner.

Das folgende Beispiel ist deswegen interessant, weil es
die neufranzösische Stellung i. e. Wiederaufnahme des Objects durch ein Personalpronomen zeigt.
Ceste meisun que tu fais, si tu bien guardes mes cumende-
mentz, jo la frai ferme e estable 251,18.

3. Subject, Object, Verb.

Auf diese Stellung wurde schon oben (p. 22) hinge-
wiesen. Die meisten Beispiele zeigen ein relatives Pronomen als Subject.
Ki tun senz poent aprendre e oir 272,10. Ki de Ofir le
or enportout 272,20. Ki Deu amèrent parfitement 294,13.
Que Adonias règne e rei se fait 222,2.

Doch finden sich auch viele Belege, in denen das Subject nominal ist.

Que l'un l'enfant dut détrenchier 237,1. Que déable neis nostre Seignur d'un liu à altre portad 111,15. Anm. Si que mis pères mot ne sout 137,8. Li reis Yram ses messages al reis Salomun enveiad 243,4. Pur ço Salomun plus acuragéement el temple uvrad 251,22. Jo en murreie u un talent de argent li durreie 329,2. Dunc cumandad que l'un sa sele méist 289,15.

Kreuzstellung findet sich in folgendem Beispiel:

E li duze prince ki tute la terre gardouent e truvèrent l'asise en la maisun le rei 240,11.

Es findet sich hier eine Anlehnung an das übrigens frei übersetzte lateinische Original.

4. Verb, Subject, Object.

Wenn das Subject ein Personalpronomen ist, so wird es selbstverständlich nicht von seinem Verb getrennt; diese Fälle bedürfen also kaum der Erwähnung. Marx bemerkt für Joinville, (p. 349), dass nominales Subject und nominales Object nur einmal neben einander auftreten, während in den übrigen Fällen attributive Bestimmungen dazwischen stehen, da ihr Zusammenstehen störend empfunden werden würde.

Wie Höpfner in seinen Texten, so finden wir auch in dem unsrigen häufig Subject und Object unmittelbar nebeneinandergestellt.

Mandad li reis de Israel tuz les antifs hummes de Israel 223,3. A cel jur seintefiad e déeliad li reis la meited del aitre 266,1. Après cungéad li reis cel merveillus pople 266,10. Treiz feis par an fist li reis ses sacrefises e ses oblatiuns 270,15. E ore t'ad rendud Deu ta malice sur le chief 233,4. Derechief enveiad Benadab ses messages al rei Achab 323,9. E tramist ses messages a Achab le rei de Israel 323,4.

In allen diesen Beispielen hat auch die lateinische Vorlage dieselbe Wortstellung, die wohl den Uebersetzer beeinflusst haben dürfte.

5. Verb, Object, Subject.

Diese Stellung findet sich in unserm Texte, sowie im Aucassin und Nicolette, bei Joinville und Froissart äusserst selten.

E out num li emfès Miphiboset 276,3.

Dass, wo zwei Objecte vorhanden waren, das eine dem Verb vorausgeht und das andere ihm folgt, stiess uns einmal auf.

E sacrifise i fist e oblaciun 219,3.

Personalpronominales Subject fällt meistens aus:

Un altel i levad al hunurance nostre Seignur 219,12, Terre li dunad pur là maindre 277,16.

b. Das personal-pronominale Object.

Beim nominalen Object haben wir nur von dem directen Accusativobject gesprochen, da die Objecte im Genetiv und Dativ an einer Stelle behandelt werden müssen, wo von der Wortstellung mit praepositionalen Adverbialbestimmungen die Rede sein wird. Da jedoch das conjunctive personale Pronomen eine besondere Form für das Object im Dativ und Accusativ hat, so gilt hier die Bezeichnung Object für beide.

Hier lassen sich auch die beiden tonlosen Partikeln en und y anreihen, die ja ganz wie Personalpronomina gebraucht werden.

Während sonst immer die leichte Form des persönlichen Fürwortes gebraucht wird, sehen wir die schwere, wie im Neufranzösichen, in Verbindung mit même:

Adonias le fiz Agit se eslevad e sei-meime eshalchad 220,11.

Schon im Altfranzösischen gehen die tonlosen persönlichen Fürwörter dem Verbe voraus:

Or le sai finement que tu es huem 312,16. E Hélyes les
cumenchad à rampodner 317,1. E li fums en soleit
amunt lever 249,13. Que la meited ne m'en fud mustred
272,8. La nuvele, qu'en ai oïe 272,9. Li fols reis l'en
créid e de sun mesfait n'en s'en repentid 290,21. E
pur ço tu ki es femme Jérobeam, lieve sus, si t'en va
292,19. E plus le attarièrent que fait n'en ourent lur
ancestres 295,3. Quant jo m'enturnai 228,7.

Im Fragesatz befindet sich das Object-Pronomen auch
meist vor dem Verbum.

Mais en ki as fiance e dunt te vient cist hardimenz 404,10.
Cument vols-tu nus pursiure senz merci jesques à la mort
127,9. Que nus apartient David? 283,24. Dun ne l'sa-
vez bien que Deu dunad le règne de Israel à David 298,8.

Vom Neufranzösischen abweichende Stellung zeigen folgende Beispiele:

Sunt se nettement guardé tes vadletz 83,10. Sauereiez le
me vus mustrer? 288,2.

Wie Krüger p. 26, Marx p. 330, Ebering p. 356, Höpfner p. 20 für ihre Texte nachweisen, haben auch wir in
dem unsrigen die Bemerkung gemacht, dass, wenn der affir-
mative Imperativ durch ein Adverb, eine adverbiale Bestimmung eingeleitet wird, oder sich an einen vorhergehenden
Imperativ durch eine Conjunction anreiht, die tonlosen persönlichen Pronomina vor diesen affirmativen Imperativ treten.

Eine Ausnahme macht:

Mais relasche-nus un poi 281,2.

Beim negativen Imperativ ist die Wortstellung wie im
Neufranzösischen.

Ne vus asemblez pas en bataille 284,14. Ne vus cumbatez
pas encuntre le Deu à voz ancestres 299,8.

Stellung der tonlosen Pronomina zu einander.

Der Accusativ der dritten Person tritt vor den Dativ in allen Personen (cf. Ebering p. 358); also abweichend vom Neufranzösischen, wo ja bekanntlich me, te, se, nous, vous, vor le, la, les stehen und diese vor lui und leur.

> Si l'me otrei 229,15. Jo endreit mei i ajusterai e plus pesant le vus frai 282,16. Kar si l'm'ad cumanded nostre Sire 287,11, E sauereiez le me vous mustrer 288,2. Jo si vus rendrei 202,5. Jo l'te durrai, e richesse e gloire 235,7.

Wo en und y zusammentroffen, geht, dem neufranzösischen Brauche zuwider, en dem y voraus; diese Stellung findet sich auch bei Froissart, Joinville, Alain Chartier und Gerson.

> Ki l'um ne pot anumbrer pur multitudine kar tant en i ad. 234,16. E de cèdre en i out tant cum des sicomors ki creissent en la champaigne 275,2.

Der Infinitiv als Object.

Das Infinitivobject kann entweder dem Verbum finitum folgen, oder ihm vorangehen. Bei der letzten, der invertirten Stellung, kann der Infinitiv vom Verb nur durch ein unbetontes Pronomen betont werden.

1) Der Infinitiv steht nach dem Verbum finitum:
> Il ne volt lever ni mangier 160,7. Mais cil ne l'volt pas férir 328,13. Si cume il durent venir 196,3. U li poples suleit sacrifier 389,1.

2) Inversion:
> Mangier ne volt 160,4. Si granter le volez 323,17. Croler le frad si cume fait li rosels par cele rivière 293,6. Parler voldreie un poi à tei si te ploust 229,1.

ad 1) Bei der ersterwähnten regelmässigen Stellung kann der **Infinitiv** vom **Verb entfernt** werden.

a) Durch das Subject.

A tant cessad David à pursieure Absalon 167,9.   Si il volt
pruzdum estre 236,18.

b) Durch ein vom Infinitiv abhängiges Object.

Ces qui ourent alcun busuin à faire 172,16.   E fist tut
metre en sun paleis 273,14.   Purquei ne volez les ruines del temple nostre Seignur refaire e amender 398,20.
Mais li reis ne deignad lur conseil oir 282,9.   E que bien
e dreiturelment sache tum pople jugier e guverner 234,18.
aber: si se fist faire curres 221,1.   E sache entendre e
le mal e le bien 234,19.

c) Durch Adverbien und adverbiale
Bestimmungen:

Que l'um poust entur très bien aler 247,1.   Li fums en
soleit amunt lever 249,13.   Les uz fuz d'olivier e pourent ensemble clore e ensemble uvrir 249,5.   E ne se
pout asez esmerveiller 272,4.   Ne puis pas returner, ne
od tei renir ne en ceste cuntrée ne beivre ne mangier
288,10.   Si que il ne s'volt del tut destruire 296,19.

d) Durch mehrere dieser Satzglieder zugleich.

Si l'fist tut de fin or cuvrir 273,16.   Li reis le out fait
pur sa prueise maistre recevur 279,6.   Fai pur ço à tes
humes abatre cèdres al bois de Liban 242,13.   E fist
pruveires à ses ydles servir 290,21.

Object, Verb (Subject nicht ausgesetzt):

Kar dous prudumes ocist ki mielz valurent de lui 231,13.
E timiaine i fist ardeir 234,3.   E les natures mustrad
241,4.   Ces paroles lui manded 243,5.   Le fundement
fist de pierres grosses e de dur grain 245,18.   Fenestres
i fist plus larges dedenz que defors 246,14.   E grâce
lur durras 264,6.   Vint e dous milie buès offrirent 265,15.
E ambes dous les mains ont tendues vers le ciel 264,15.

2. Verb, Praedicat, Subject.

Da die persönlichen Fürwörter nicht von dem zugehörigen Verb getrennt werden, so kann hier nur von nominalem Subject die Rede sein.

Wenn das Subject nicht ausgedrückt ist, reduziert sich die Stellung also auf

Verb, Praedicat.

Cum as ested ni glorius 141,17.

Aber **Praedicat, Verb** (Subject)

Vielz hum sui de quatre-vinz anz 195,5. Car régnable fud 235,3.

Diese Stellung ist in 'den Q. L. d. R. selten und begegnet auch sonst nicht häufig. (cfr. Marx p. 32, Höpfner p. 15).

Namentlich in Relativsätzen anzutreffen ist die folgende Anordnung:

Subject, Praedicat, Verb.

Ki de pierres furent taillurs 245,2. Ki bons chantre fud en Israel 210,16. Anm. Ki grandes erent e closes de mur à portes e à serrures e à fermetez 238,19. Admadabad le fiz Addo maistres fud en Manaïm 239,1. Co que mestier fud el temple 389,8. Ki maistres furent sur les machuns 390,17.

Ziemlich häufig kommt auch die Stellung:

Praedicat, Verb, Subject,

vor, da, wie schon oben erwähnt, vorangestelltes Praedicat Inversion des Subjectes bewirkt:

Grant fud li feste que li reis tint 266,6. Bele fud la feste e bele la oblatiun 234,6. Mais morz est li tuus li miens est vifs 236,13. Sue fud li terre de Socco e tute la terre de Ephor 238,10. Riches huem e mananz e poestifs ert li reis Ezechias 419,5.

In dem folgenden Beispiel geht das eine der zwei vorhandenen Adjective voran, das andere folgt:

Que pruz fud David e vaillanz 71,2.

Bei vorangehendem Praedicat ist das Subject ausgedrückt durch einen Infinitiv:

Quels mestiers est de entremettre de tel ovre? 215,15.

2. Mit anderen Verben:

Fast immer wird das Praedicat nachgestellt.

Trennung vom Verb und invertirtem Subject durch ein Adverb.

E pur ço vinc ui primiers de tuz ces del lignage Joseph encuntre mon seignur le rei 193,4.

Dass eine praedicative Bestimmung zwischen Verb und ki stehen kann, wenn letzteres Subject ist, wurde schon oben erwähnt.

Die Q. L. d. R. sind übrigens arm an Beispielen, wo das Praedicat des Subjectes mit andern Verben als mit estre gebraucht wird.

b. Die zusammengesetzte Verbalform.

Morf weist schon für das Rolandslied nach, dass dort in den meisten Fällen (80 %) wie im Neufranzösischen das Participium perfecti dem Hülfsverb folgt, Schlickum begegnet unter 61 Beispielen nur einem, welches dieser Regel zuwider ist, und auch wir finden in unserm Text dieselbe Regel fast ausnahmslos befolgt, so dass wir es unterlassen dürfen, Beispiele anzuführen.

Wir müssen dagegen solche Fälle unterscheiden, wo das Hülfsverb von seinem zugehörigen Particip getrennt ist; dies kann geschehen:

1) durch das Subject, das meist einfach ist.

De treiz altres murs fud li temples avirunez 251,4. Devant ces us fud uns draps de seie tenduz 249,8. Lores fud la parole nostre Seignur accomplie 393,1.

Ferner kann die Trennung veranlasst werden durch Adverb und adverbiale Bestimmung.

Verb, Adverb (oder adverbiale Bestimmung)
Participium passivi.

Qui est de la terre jetez 169,16. Cum cil fud del chemin
remuez 199,4. E cume David fud alches alassed 203,10.
Li Philistien se furent lores alogiez el val as géanz 212,14.
Mais li régnes est de mei translatedz 229,5. Que Joab
fud al tabernacle fuiz 231,3. Ki est jà nez 159,28. A
sun pestrin furent chascun jur asis nuef cenz muis de
flur deliéement buletée 239,16.

Auch mehrere solche Bestimmungen können
als trennende Glieder eingeschoben werden, so
z. B.: Subject und adverbiale Bestimmung.

Si aceméement fud li espuers de quatre pars aturnez 247,20.

Kreuzstellung ist selten, wir fanden sie in folgendem
Fall:

Que guerpid me ad et ad aured Astarten 279,18.

Die wenigen Beispiele mit **invertirtem Particip** mö-
gen hier ihre Stelle finden:

Qui taillie esteient à rieule e à certes mesures 267,7. Ki
jetez sunt de Israel 169,10. E reveled sunt les fundemenz de la terre 207,4. Li sires vit e benéit seit mis
Deus 209,19. Eshalciéd seit li Deus de ma salveted 210,5.

Ohne ausgesetztes Subject:

Kar agenuillez se fud à terre 264,14. E out ested desrés
e désaturnez e de sei e de sa vesture 193,14. Là ierc
enseveliz deled le sépulcre mun père e ma mère 195,11.
Mais encloses furent e cum vedves jesque à lur mort 197,11.

Nur in einem Falle dieses Abschnittes lässt sich eine
wörtliche Uebersetzung des lateinischen Textes und eine
mögliche Einwirkung desselben auf das Französische con-
statieren:

Et revelata sunt fundamenta orbis. E reveled
sunt les fundamenz de la terre 47,6.

b. Praedicativ des Objects.

Auch hier machen wir einen Unterschied zwischen dem Praedicativ, das nicht Teil einer zusammengesetzten Verbalform ist und der aus a v o i r und dem Participium zusammengesetzten Form.

a) Praedicativ des Objects, abgesehen von der zusammengesetzten Verbalform.

Die am meisten vorkommende Anordnung ist die auch im Neufranzösischen übliche: **Verb, Object, Praedicat.**

Bei avoir kann das letztere nur ein A d j e c t i v sein.

Naboth de Jezrael ont une vigne veisine 329,16.

Doch bei anderen Verben kann es entweder A d j e c t i v, S u b s t a n t i v oder I n f i n i t i v sein:

E fist sun pople mesprendre 420,8. E il refist dépecier les loges al ordre gent 426,18. E fist les murs de tutes parz agraventer 435,14. Le matin truvai deled me l'enfant mort 236,6. Il les fist estre en abstinence 58,15. Mais Saül tint une lance al puin 70,13. Ki le apentiz sustindrent dubles 251,15.

Verb, Praedicat, Object.

L'um vult planier tables de graife 423,4. E li reis fist besorder Thopet 427,9.

Diese sowie die folgende Stellung ist selten:

Object, Verb, Praedicat.

Tut fist agraventer e esmier 427,20. Le reis se tint puis tut coi 432,11. E l'um le menad devant Samuel tut gras e rodne 57,12.

Praepositionaler Infinitiv als Praedicat des Objects:

E à deables e ydles servir les attrareient 275,14. Li serjant ourent pour annuncir al rei la mort 160,8. E establid à célébrer la Pasche 429,6.

Praedicat. Object, Verb kommt nicht vor.

3*

Praedicat, Verb, Object.'

Tenir ne pourent la cited 434,4. Mult assembled or e argent 419,5.

b) Die zusammengesetzte Verbalform.

Wie die Belege aus dem Rolandslied, aus Aucassin und Nicolette und aus den ältesten altfranzösischen Denkmälern darthun, hat schon früh die noch heute im Neufranzösischen übliche Stellung **avoir, Particip, Object** die Oberhand erlangt, z. B.:

Li reis de Assirie unt cunqis tutes terres 413,9. Tu m'as mustred léalted et grâce 175,1. Nostre Sires li reis ad fait sun fiz Salomun rei 225,15. Ki cume tu as fait mainte mère sen fiz 57,14.

Invertirtes Particip haben wir in folgenden Beispielen: E bien saches que déservid as la mort 230,13. E dist li que trouved ont un livre el temple 423,14. E déjeted avez les pruveires e les altres ordenez 298,19. Que fait l'aveit rei sur Israel 57,19.

Das nicht invertirte Particip kann von avoir getrennt werden:

a) Durch das Subject:
Cestui n'ad pas Deu eslit 59,5.

b) Durch das Object:
Li reis Assiriens ad despit e escharni e le chief crodled 413,17. Quand il ourent tute la terre avirunnée 216,10. Puis que il out le temple fait 269,1. Qui unt ta vie guardée 190,15. Kar tu as la parole Deu dégeté 56,17. Mis père a la terre trublée e la victorie desturbée 49,3.

Aus rhetorischen Gründen haben wir in ein und demselben Satze Voranstellung des einen und Nachstellung des zweiten Objects.

Que guerpid me ad e ad aured Astarten 279,18. Que il out le temple fait e sun palais 269,1.

IV. Stellung des Adverbials zum Verbum.

a. Stellung des eigentlichen Adverbs.

Aus der Function des Adverbs, das Verbum näher zu bestimmen, ergiebt sich seine natürliche, im Neufranzösischen angewandte Stellung nach dem Verb. Im Altfranzösischen scheinen keine festen Regeln darüber bestanden zu haben, denn wir finden eine sehr grosse Freiheit in Bezug auf die Stellung, welche das Adverb einnehmen kann.

In unserem Texte finden wir namentlich die **Adverbien als einleitende Satzglieder,** und, wie schon oben erwähnt, oft Inversion veranlassend. Alle Arten von Adververbien können an der ersten Stelle im Satze stehen.

I. Ortsadverbien.

Là parlèrent si privé à lui 327,12. Là furent les portes de fin or 251,14. En mi le chancel . . . fud assise l'arche 249,15. Devant ces us fud uns draps de seie 249,8. Là requist la merci nostre Seignur 421,12. Là fud uns merveillus vassals 204,6. U Deus meismes escrist la lei 2,21.

2. Zeitadverbien.

E este le vus Deu ad duné l'esperit de mençunge à tuz tes prophètes ki ci sunt 337,14. Lores levad li reis de terre ù il giseit 160,14. Pois l'arche sur le char aséez 21,7. Après l'esturbeillun leverad uns fus 321,9. Lores mandad li reis de Israel tuz les antifs 323,13. Derechief enveiad Benadab ses messages 323,16. Lores vint un prophète nostre Seignur 324,17. Dunc vint uns prophètes ab rei Achab 326,1. Or en va dunc, si l'fais 337,13. Lendemain murent e errèrent par le désert de Tecué 341,9. Lores conjurad Saül le pople 48,10. Mais ore ça une grant pierre turnez 49,14. Tost après li mals esperiz envaïd Saül 70,11.

3. Modalitätsadverbien.

Solche auf **ment**:

Numméement que pour n'éussent des deus avuiltres 405,1.
Bonement li frai 324,4. Errannment dessirad de dol ses
guarnemenz li reis 333,5. E fermement establid à guarder
les cumandemenz 429,14. E fenelessement revelad encuntre sun Seignur 298,10.

Der Quantität:

Alches fud confortez e avigurez 115,10. Quanque nus sires cumande 324,3. Mult fud eshalcied 334,11. E mult
fud l'entaille avenante 247,20. Mult mesprist vers nostre
Seignur 420,1.

Des Grades:

Biens sez que miens fud li règnes 229,3. Bien es reis de
grant afaire e bien guvernes lu réalme de Israel 330,15.
Bien saches que déservid as la mort 230,13.

Subject, Adverb, Verb.

Diese Stellung findet sich vorzugsweise in Relativsätzen,
in denen das Relativpronomen Subject ist.

Ort:

Samuel d'iloc s'enturnad 57,17.

Zeit:

Ki ore envait pur saisir e retenir 332,2. Ki lores en Jerusalem regnad 429,11.

Modal:

Ki eranment fust ocis 387,14. Ki si malement uverast vers
nostre Seignur 333,1. Si tu bien gardes mes cumandemenz. E il malement uverad vers nostre Seignur 419,11.
Hisboseth eranment la mandad 130,12.

Verb, Adverb.

Wenn das Adverb dem Verb folgt, so kann es von demselben getrennt werden durch Adverbien

des Orts:

Naboth de Jezrael out une vigne veisine e mult près del paleis la rei Achab 329,16. Ceste requeste ploust mult à nostre Seignur 235,3.

des Grades:

E de luniz l'oirent mielz e mielz 417,17. E ad maldit forment iceli ki mangerad 49,2.

Plus kann, wenn ihm ein que entspricht, mit diesem zusammenstehen.

La gent . . . . li ourent ported révérence plus que faire ne deussent 406,6

Schon oben wurden Fälle angeführt, wo modale **Adverbien auf ment** an der Spitze des Satzes standen, also vor dem Verb; diese Art von Adverbien ist äusserst frei in Bezug auf ihre Stellung.

Voranstellung:

Mult humblement devant lui s'agenuillad 346,10. Eranment descendit li feus del ciel 346,5.

Nachstellung:

Que tu saches veirement que 324,19. E cumandad erranment que l'um la cited 324,16. Que il ne se cumbatissent ne vers . . . fors encuntre lu rei de Israel sulement 338,16. Mais li reis fud forment de grant haage 222,6. E li suen i regnassent parmanablement 298,9, E l'une de celes le mist si feitement à raisun 235,16. David receut haltement les messages 130,4. Ki pot tut cest pople dreiturelment guarder e jugier 235,1.

Die Stellung von **Adverbien**, wenn sie mit **adverbialen Bestimmungen** zusammentreffen, wird weiter unter besprochen werden.

Am Ende des Satzes stehen Adverbien gerne dann, wenn das Verb keine andere Ergänzung hat.

Ki le apentiz sustindrent dubles e asis mult ordénéement 251,15. E parlad a lui bonement 438,1.

Bei den zusammengesetzten Verbalformen haben wir schon oben gesehen, dass ein Adverb zwischen Hülfsverb und Participium geschoben werden kann.

Sunt se nettement guardé tes vadlez 83,10. Ki furent là remès 435,15.

Da die **Negationspartikeln** eine Sonderstellung einnehmen, werden wir dieselben getrennt von den anderen Adverbien behandeln.

Ne kann die Verneinung ohne anderes ergänzendes Negationsadverb ausdrücken.

Als **Negationscomplemente** treten auf: **ja, jamais, oncques, guère, rien, nul, plus, nient, neis, point, pas.**

U n c h e s: La sajette Jonathan, fist David, unches arrière ne turnad 123,3. Si que Jèrobéam ne li pout unches puis cuntrester 299,24.

N e i s à mei quierent mal e mort 321,18. Nei sune ne fud de tutes les paroles 271,13.

N i e n t ne le plourent 269,4. Nient ne li escundiz 323,16.

P a s und p o i n t stehen selten vor dem Verb: Ne les filles de ces qui pas ne sunt circumcis 122,16.

R i e n s geht ebenfalls selten dem Verb vorauf: R i e n ne li fras ne nient n'i assentiras 324,2. N'est riens à dire de tuz les biens 265,4.

G u è r e s: N'ad guaires que vus queistes David 130,14.

N u l: Ne nul reis ne vint après lui 429,18. Nuls n'en remest for li proverins de la terre 433,13.

b. Stellung der adverbialen Bestimmungen.

Wie selbst im heutigen Französisch sich noch keine festen Regeln über die Stellung von adverbialen Bestimmungen entwickelt haben, so findet sich auch in den altfranzösischen Texten ein grosses Schwanken in dieser Beziehung. Rhythmus, Wohlklang und rhetorische Gründe üben den grösstmöglichsten Einfluss aus.

Dabei lässt sich nicht verkennen, dass, wie einfache
Adverbien, auch adverbiale Bestimmungen gern die hervor-
ragendste Stelle, am Anfang des Satzes, einnehmen.

Sie bewirken dann häufig Inversion des Subjects.
En mi le chancel après la parei fud assise l'arche nostre
Seignur 249,15. Tuz les jurs Säul fud la bataille 52,14.
Al tens Phacée lo rei de Israel, vint Teglafalasar li
reis de Assur 394,15. Devant ço furent venud à David
treis altres bons champinus 212,11.. A sun pestrin furent chascun jur asis nuef cens muiz de flur 239,16. En
cel cuntemple enveiad nostre Sires Rasin 395,17.

Sie stehen auch häufig am Anfang von Sätzen, in denen das Subject nicht invertirt oder ausgesetzt ist.
Pur ço chalt pas cumandad que l'um meist la sele 288,3.
En ceste baillie à Naboth parle 330,1. Chalt pas levad
e vers la vigne alad 331,16. Al tierz an de sun rég-
ned enveiad pruveires 334,3.

Anm.: Der Ausdruck chalt pas begegnet in den
Q. L. d. R. verhältnissmässig sehr oft und zwar meist an
der Spitze des Satzes.

In conjunctionalen Nebensätzen stehen die adverbialen Bestimmungen oft gleich hinter der den Satz einlei-
tenden Conjunction.
Si par aventure volsist merci aveir de nus 327,14. Ço
dient li Hébreu que alcune feiz avint 301,30. Que en
treiz jurs ne s'pourent prendre ne de là remuer 341,21.
Pur ço que par gaberie l'ourent hume Deu apeled 345,18.
Si par aventure li Seinz-Esperiz l'ait laissed 350,2.

Einmal kommt ein Beispiel vor, in dem die adverbiale Bestimmung der Conjunction vorausgeht.
A cel lieu que chiens léchièrent le sang Naboth 332,5.

Zwischen Subject und Verb kann die adverbiale
Bestimmung treten, wenn das Subject ein Nomen oder
ein Relativpronomen ist.

Ki de pierre furent taillurs 245,2. Li prophètes Micheas par la volonted Deu parlad 328,12. Li reis del lit ù il gist ne leverad 344,11. Que déable neis nostre Seignur d'un liu à altre portad 111,15. Anm. E li flums chalt pas se devisad 348,13. Si il en alcunc manière poust de ses enemis eschaper 354,20.

Die Anordnung:

Verb, adverbiale Bestimmung, Subject.

begegnet auch einige Male.

Tute la malvaise gent e les ydles e les ordéez ostad de la terre li reis Josias 429,13. Derechief férid del mantel Hélye al flum 349,17.

Hülfsverb, adverbiale Bestimmung, Particip.

Ki est de la terre jetez 169,16. Furent deled l'arche asis 249,16. Cume Achab se est devant mei enhumiliez? 333,9. Le mal que jo ai vers lui parlad en ses jurs 333,11.

Auch das Object wird von seinem zngehörigen Verbum manchmal getrennt.

E prist sus le mantel Helye que li chaïd à munter 349,12. E cil de Arabi li demèrent par an set milie e set cenz multum 337,8. Si édifium à espleit hostel pur maindre 365,15.

Daneben:

E en fuie les mistrent 354,10.

Wenn ein Dativ und ein Accusativ zusammentreten, so tritt der Dativ gewöhnlich vor das directe Object.

Pur dire lui le plaisir 131,2. Pur anuncier la rei la mort 160,8. Pur enseignier à la gent la lei nostre Seignur 334,4. Ne volt mais tenir al rei de Israel ne triwe ne aliance 352,1. E à sun Seignur le nunciad 367,12.

Der praepositionale Infinitiv, dessen Stellung ja auch im Neufranzösischen eine sehr freie ist, kann jede Stellung im Satz einnehmen.

> Quant tel rei lur a duned pur justise tenir e dreiture faire par sa terre 272,13. E à deables e ydles servir les attrareient 275,14. E ordenèrent lur eschièles pur bataille faire 61,7. E cil felun pristrent ... pur lur félenie de mielz cuvrir 134,12. Li serjant ourent pour annuncier al rei la mort 160,8. Pur nus livrer as mains Moab 352,10. E de la venjance ki est à venir 207,6.

Sehr gern stehen adverbiale Bestimmungen am Satzende.

> Ki taillie esteient à rieule e à certes mesures 267,7. Va t'en à ta terre 230,13. Ki tei plaised à régner après tei 222,17. Eissirent hors de Egypte jesque à cest jur 421,6. E fuirent tuit ki einz einz, chascun à sun tabernacle 15,12. E funt sacrefises le matin e le vespre chascun jur 299,1. E mist chevalerie en tutes les citez de Juda e as citez de Effraim 333,15.

Wenn mehrere Adverbien oder adverbiale Bestimmungen zusammentreffen, so gehen die einfachen Adverbien gewöhnlich den adverbialen Bestimmungen voraus.

> Helyen s'en turnad d'iloc al munt de Carmele e de la s'en repairad en Samarie 351,7. E Deu humiliad forment en cel temps cez de Israel 299,20. E là en un cave surjurnad 320,18.

> Doch: E Josaphat crut de gran manière e mult fud eshalcied 334,11. Li dui rei séeient en lur aurnemenz réals deled une des portes de Samarie 335,13.

Adverbien auf ment folgen bisweilen kurzen praepositionalen Gliedern.

E aherderat à tei e à tut tun lignage finablement 356,9.
E parlad à lui bonement 438,1. Que à sun venir ho-
nestement à aise i puissed gésir 356,15.

Wo **mehrere adverbiale Bestimmungen** zusammentreffen, gehen gewöhnlich die kürzeren den längeren voran.
E cestes meimes paroles seient remembrées nuit e jur devant Deu 265,9.   En tens e à ceste ure se jo vif 357,9.
E en tens al ure que promis li out 357,13.

Jedoch: E par ta chambre sus e jus alad e il muntad en
un esturbillon al ciel 349,7. Al quarantime an pois que
David 173,7.

Zweiter Theil.

Stellung der von einem Infinitiv abhängigen Satzglieder.

I. Stellung des Objects zu Verbum finitum und Infinitiv.

a. Nominales Object.
I. Beim Infinitiv ohne Praeposition.

Im heutigen Französisch tritt das nominale Object meistens hinter den Infinitiv, im Altfranzösischen war die Stellung bedeutend freier.

Es ergeben sich, wenn wir die drei in Frage kommenden Satzglieder mit v. i. o bezeichnen, die folgenden sechs Combinationen

1) v. i. o.
2) v. o. i.
3) o. v. i.
4) i. v. o.
5) i. o. v.
6) o. i. v.

doch können wir von den letzten zwei abstrahiren, da uns Beispiele für dieselben nicht aufgestossen sind. Die Stellung wäre übrigens auch der Regel entgegen, dass der invertirte Infinitiv dem Verbum unmittelbar vorausgehen muss. Auch Le Coultre und Morf, sowie Schlickum belegen keine Beispiele einer solchen Mittelstellung des Objects, wie sie 5) zeigt.

Meistens liegt vor die auch im Neufranzösischen übliche Stellung von:

1. Verb, Infinitiv, Object.

Liève, liève, e va saisir la vigne Naboth 331,13. Le tens vint que nostre Sires volt translater e remuer Helye 347,7. Al ure que l'um soleit faire sacrefise 353,16. Fachun venir l'arche Deu de Sylo 14,11. Si par aventure volsist relacher sa maisun 20,15. A qu il poust faire merci 149,5. E il si fist assembler tut Israel 153,14. Mais fist prendre la berbeité a povre hume 158,10. Kar ne purreie pas suffrir tel verguigne 164,1.

Infinitiv und Object können auch durch das Verb getrennt werden.

2. Verb, Object, Infinitiv.

Les lieus ù l'um soleit déable cultiver par tute Juda 334,1. Cinquante humes qui ... e purrunt aler si te plaist tun Seignur querre 350,1. Pur ço vint en Jerusalem le rei tempter e sun sens esprouver 271,6. E fist sun fiz conduire 420,4. E fist sun pople mesprendre 420,7. Cunseil quistrent cume poussent e deussent l'arche arière enveier 20,3. Si fist de serres détranchier e de chars ferres defubler e de hansacs desmembrer e détranchier 16,24.

In keinem dieser Fälle sehen wir eine Uebereinstimmung mit dem lateinischen Texte der Vulgata.

Wir finden auch das mit einem attributiven Genetiv versehene Object zwischen Verbum und Infinitiv, also:

Verb, Object (mit attributivem Genetiv) Infinitiv.

Tu as fait les enemis nostre Seignur sun num blasmer 159,17, Purquei ne volez les ruines del temple nostre Seignur refaire e amender 389,20.

In den folgenden Fällen trennt ein Adverb resp. eine adverbiale Bestimmung das Verb und Object, resp. Object und Infinitiv:

Vols-tu ... que jo face l'umbre del soleil en cest oriloge

dis degrez chalt pas munter 417,14. Volez à cest jur de ui hume ocire? 193,10. Quant il fist à Misphiboseth sa terre partir 194,18. Que l'um e deit de primes pais offrir 200,18.

Als natürlichste Anordnung und teils aus rhetorischen Gründen finden sich die Stellungen 1) und 2) in Sätzen, wo entweder zwei Infinitive einander folgen, oder in zwei nahe zusammenstehenden Sätzen mit Infinitiven, z. B.:

Li reis Achaz fist prendre les riches basses e les riches vaissels ki e le merveillus vaissel ki fud apeled mer d'araim fist avaler e fist ces vaissels aval aséer 400,4. E tut fist esmier les imagines e les vergiers abatre 406,4. Que li cuvendrad od vous mangier sa fiente demeine e le urine beivre 409,12.

Doch muss die Stellung 1) angewandt werden, wenn mehrere Infinitive vorhanden sind.

Saül pur ço fist ocire quatre-vinz pruocires e cinc, e destruire Nobe lur cited 173,8. E si nostre Sires volsist véer ma afflictiun e faire bien 179,9.

3. Object, Verb, Infinitiv.

Hier kann das Object Relativpronomen, Interrogativpronomen oder Nomen sein; doch wollen wir nur diesen letzten Fall betrachten, da ja auch im Neufranzösischen bei den ersten beiden Fällen die Wortstellung dieselbe ist.

Que l'um l'enfant dut detrenchier 237,1. Si sens volez querre 15,18. Anm. Ki mei e mun fiz voleient oster del heritage 169,19. Cinquante humes fist devant lui aler 172,12. E un ydle fist lever e asséer 420,7. E lur Deus firent ruer al fu 413,10. E nul servise ne volt faire al rei des Assyriens 406,14. E encuntre lei encens volt offrir en un censier 391,13. Si grâce puis truver vers notre Seignur 176,2.

4. Infinitiv, Verb, Object.

Ne véer ne pout la lumière Deu 11,15. Ki péchier fist
Israel 392,21. Tenir ne porent la cited 434,14.

Beim zweiten Beispiel ist diese Wortstellung wohl dem
lateinischen Original nachgeahmt, das hier wörtlich übersetzt ist.

2. Beim praepositionalen Infinitiv.

Abweichend vom Neufranzösischen hat die Sprache des
XI., XII. und XIII. Jahrhunderts meistens die Stellung:
Verb, Praeposition, Object, Infinitiv. (cf. Krüger p. 23,
Schlickum p. 31, Höpfner p. 43).

Que faire devum pur nostre mesfait espenir 20,9. David
revint dans sun palais pur la feste tenir 141,16. Dunè-
rent, al temple faire cinc milie talenz 244,26. E vindrent
pur bataille faire 61,7. Nostre Seignur fud en lui pur
jugemenz faire 237,9. Tut le quer li faillid de si grant
chose penser 272,4. Pristent . . . pur lur félenie de mielz
cuvrir 134,12. Quant tel rei lur a duned pur justire
tenir e dreiture faire par sa terre 272,13. Ki remestrent
pur le paleis guarder 180,16. Purquei ne vas à ta maisun pur tes aises aveir 155,14.

Doch auch die neufranzösische Stellung **Verb, Praeposition, Infinitiv, Object** ist nicht selten anzutreffen.

E cremeit à mustrer à Hely la visiun 12,16. Li serjant
ourent pur anuncier al rei la mort 160,8. Reparlad pur
dire lui le plaisir 131,2. Esteient assez bestes pur faire
sacrefises 140,19. Li einznez vindrent pur esforcier
le rei 160,6. Asis pur oïr les paroles ne les plaintes
173,1. Si l'asistrent pur prendre cunseil 175,16.

Nur vereinzelt kommt die Anordnung **Verb, Object,
praepositionaler Infinitiv** vor.

Ces qui unt parole à mustrer 173,3. E quist cungiez de returner e la nuvele de porter 184,6. Si lur enseignad nostre Seignur à servir e à cultiver 404,3.

Noch weniger häufig findet sich die Stellung Praeposition, Object, Infinitiv, Verb:

Pur abri aveir entrèrent 251,10. E a déables e ydles servir les attrareient 275,14.

b. Personalpronominales Object.

I. Beim Infinitiv ohne Praeposition.

Tobler entwickelt in der Recension der le Coultre'schen Arbeit ausführlich seine Ansicht über die Stellung des Pronomens beim Infinitiv. (G. g. A. p. 1065—76). Schon in den ältesten Denkmälern ist es Sitte, dass das pronominale Object, mag es Dativ oder Accusativ sein, zum Verbum finitum tritt. Diese Stellung ist auch bis zum 14. und 15. Jahrhundert die regelmässige, während sie im Neufranzösischen bekanntlich selten ist, mit Ausnahme bei faire und dem Infinitiv, wenn nicht faire im Imperativ steht:

E li reis Achaz le vit véer en Damasche 399,6. Si s'fist maindre en Ala 401,15. Il ne se voldrent tenir al servise 407,4. Il ne vous purrad pas défendre vers mei 409,17. Li reis le fist enivrer 156,3. Il ne l'volt guster 163,11. Tu ne s'fair repeirir ki jetez sunt 168,11. E nus le irrums assaillir fièrement 182,12. E par quei vus purrai apaier 201,9. Kar il ne l'voldrent pas receivre 393,9. Cil ne se pourent mais tenir 161,14.

Wenn **die tonlose Partikel hinter** das Verbum finitum tritt, so gehört sie nach Tobler nicht proclitisch zum Infinitiv, sondern enklitisch zum Verbum finitum, sonst müsste die vollere Form des persönlichen Pronomens stehen cf. Morf p. 278.

E chastier ne s'voleit 12,13. E si arrière envéer la volez 20,3. E porter les fist en Jérusalem 147,11. Car en-

encuntre lui réveler 401,8. Si cume li reis soleient
anciennement faire lever e voldre ars 187,17.

3. Adverb, Verb, Infinitiv.

Wie schon oben bemerkt, stehen die Adverbiale gern
an der ersten Stelle des Satzes.

Kar il volt pruzdum estre 226,18. E tut fist esmier les
imagenes 406,2. De par la terre ne pourent encuntrester
à mes ancestres ancestres 412,16. Dunc fist la reine faire
un brief 330,19.

Beim praepositionalen Infinitiv.

Gewöhnlich treten die adverbialen Bestimmungen hinter
den praepositionalen Infinitiv.

Ne suis aised dès ore à ester à curt 195,6. Se aprestad
de aler encuntre lui 412,9. Vint en Galgala pur venir
encuntre le rei e conduire le ultre le flum 192,11. Alas
pur racheter le à tun oès 145,11. E appareilliez esteit
de passer od lui.

Die Stellung:

Adverbial, Verb, Infinitiv

haben wir in den folgenden Fällen:

E près fud del enfanter 16,16. E set anz mist al faire e
set meis 257,14.

Im ersten Falle ist allerdings wohl der Infinitiv substantivisch gebraucht, während mir im zweiten al faire für
à l'faire zu stehen scheint.

Dritter Teil.

Die Stellung des Attributs zu seinem Bestimmungswort.

I. Stellung des Artikels.

Ueber Weglassung des Artikels vgl. Morf p. 254.

Der Artikel geht natürlich dem Substantiv voraus:

Les pecheurs de Amalech 55,15. Les Philistiens 52,4. Une cive 53,12. Uns pruduems 62,17. Une part,' 70,16. auch wenn vor dem Substantiv ein Adjectiv steht:

Les bons champiuns et la forte bachelerie 52,15. Li Seinz Esperiz 59,17.

Nur tout geht dem Artikel voraus:

Tout le pople 69,14. Tuz les ennemis 79,3. Tuz les repostailles 92,4. Tutes les choses 99,8.

Der Artikel nach tout und tuz fällt in manchen Fällen fort:

Toutes anguisses 106,3. Tuz jurz 91,3. Dagegen tuz les jurz 108,1.

In diesem Falle folgt dem „Tuz les jurz" ein Relativsatz, welcher wohl für Setzung des Artikels massgebend gewesen sein dürfte.

Im Allgemeinen ist also die Stellung des Artikels in unserem Denkmal dieselbe wie im Neufranzösischen. Von einem Einfluss des Lateinischen ist hier natürlich nicht zu sprechen.

2. Stellung des attributiven Pronomens.

1. Das Demonstrativpronomen.

Wie der Artikel, so geht auch das Demonstrativpronomen dem Nomen und, wenn eine solche vorhanden, dessen attributiver Bestimmung voran.

Es kommt die leichte und die schwere Form promiscue vor. Ces paroles 97,13. Cele compaignie 99,5. Cel mal vienge 99,10. · Cest felum 99,15. Cest pechié 52,4. Cel lecheur 122,7. Cil Asael 126,9. Cele forest 126,10. Cestes viles 107,7. Ceste terre 109,12. Cest puit 110,17. Cest jur 112,10. Icel mal vienge sur mei 78,17.

Wie dem Artikel, so geht auch dem demonstrativen Pronomen **tout** voran.

Tuz ces paroles e tute ceste avisium 144,14. Tuz ces de Israel 108,11.

Häufig tritt, wie in dem letzten Falle, das Demonstrativpronomen substantivisch auf.

Criad vers ces de l'ost 104,8. Ces dè Amalech 107,7. Cil de Jabes 124,10.

2. Ebenso geht das **Possessivpronomen** voran:
Nostre Sire 101,16. Sun serf 101,17. Ses messages 102,1. Mes mains 105,18. Tun règne 110,14. Lur robe 116,13. Mun père David 259,20.

Tout hat hier wie in den oben berührten Fällen seine Stelle vor dem Possessivpronomen.

Tute ses dras 166,9. Tute sa gent 174,15.

Wenn die schweren Formen des Possessivpronomens gebraucht werden, so folgen sie dem davorgesetzten Artikel.
Le tuen altel 262,2. La tue maisun 261,14. La meie part 143,10. Les lur 157,6. Un sun prived ami 162,12. Un sun serjant 164,11. La tue parole 170,1. Une meie requeste 229,6.

3. **Das Interrogativpronomen** hat dieselbe Stellung wie im Neufranzösischen i. e. vor seinem Substantiv:

E de quele furme est cil? 110,3. Quel mal as truved en mei? 113,8. Quel gent en terre? 145,10. De quel citiez e de quel lignage? 172,15. Quel part David guenchirait? 175,17. Quels mestiers? 215,15.

4. **Das Relativpronomen** geht dem Subjectiv vorauf.

Quele longueur out la nef 248,c. De quele furme furent li chérubim 249,c.

Unbestimmte Pronomina.

Ihrem Substantiv voran gehen die folgenden:

Maint:

De meintes choses 105,13.

Nul:

Nul mal 113,3. En lui nul deslealted 112,9. Nule descuvenue 162,11. Nule blesmure ne nule mesfaçun 171,6. Doch: Respuns nul ne l'en fist 109,2.

Ancun:

Alcune des lignées 143,7. Alcun busuin 172,14. Alcune cited 182,15. Alcune fosse 182,3.

Chacun:

E David esforçout chascun jur 137,12.

Tel:

Tel uveraigne 109,10. Tel rei 159,18. Tel verguigne 164,1. Tele parole 169,10. Tel cunseil 185,4. Tel ovre 215,16.

Plusieurs:

Die Redefigur des Chiasmus ist wohl im folgenden Beispiel beabsichtigt:

Prist femmes e suignantes plusurs e out plusurs fiz e filles 137,18.

Im Lateinischen ist dies plusurs nicht ausgedrückt, sonst geht plusurs regelmässig voran:

E devant mei plusurs genz guarisseit 214,15.

Autre:

D'altre part 146 14; 152,9.

Altre afublail 160,15.

Li altre fiz 166,6.

Altre feiz 171,14.

Tout steht immer vor seinem Substantiv:

Toute la nuit 128,6.

Tuz les vaissels 147,14.

Tute Ydumée 148,14.

Tut l'ost 153,15.

Même:

Même kommt in den Q. L. d. R. in den drei Bedeutungen vor, die es auch noch heute haben kann: **idem, ipse, proprius:**

In der Bedeutung von **idem** geht es gewöhnlich dem Substantiv vorauf:

Cist meimes maistres 254,10.

En cel meime aitre 256,9.

En meime cel aitre 256,13.

Cestes meimes paroles 265,19.

Wenn es **ipse** bedeutet, so folgt es meist dem Substantiv resp. Pronomen:

Li Deus meisme 103,18.

E il meime ceinst l'espée 98,4.

Li reis meismes 133,1.

Adonias mesme 226,14.

Tei meime 272,7.

Se meime 220,11.

Dagegen:

Meismes li reis 132,20.

Dem lateinischen **proprius** entspricht même in dem Beispiel:

De la maisun meime 159,9.

III. Stellung des attributiven Zahlwortes.

Gewöhnlich werden die Cardinalzahlen dem Substantiv wie im Neufranzösischen vorausgestellt.

Treis milie cumbateurs 93,8.

Treis des fiz Sarvie 126,9.

E treis saetes i trarrai 79,17.

Un milie d'altre part 15,29.

Treis cenz unces 203,13.

Treis altres bons champiuns 212,11.

Nuef meis e vint jours 219,9.

Doch findet sich das Zahlwort dem Substantiv nachgestellt in:

Bonimes vassals six cenz 174,19.

Femmes prist quatorze 299,25,

wo wohl der lateinische Text massgebend war.

Dem neufranzösischen Gebrauche zuwider, doch im Altfranzösischen gewöhnlich, finden sich Zahlen durch et verbunden. Ein Ueberrest dieses Gebrauches ist uns bekanntlich noch in vingt et un, trente et un etc. geblieben.

Quatre-vinz e cinq qui vindrent 88,8.

Treis cenz e setante milliers 111,11.

Quatre cenz e quatre-vinz ans 245,14.

Cent e vint alnes 246,13.

Quatre cenz e vint talenz d'or 271,4.

Six cenz e seisante-siz talenz 273,4.

Nur in einem der angeführten Beispiele hat auch das Lateinische die Verbindung durch et.

Demi:

Cume la lune quant demi et pleine 273,13.

Andui:

Andui li chapitral 253,13.

E embesdous les mains 264,15.

E il andui entrèrent el puiz 183,15.

Mais clops fud de ambesdouz les piez 151,4.

Ordinalzahlen stehen immer vor ihrem
Beziehungswort.

Jesqu'al vespre del tierz jur 77,17.

E secundz de tei al règne 91,10.

La quatre bataille 204,6.

Li premiers estages 246,11.

Substantivisch gebraucht ist **premier** in dem Satze:

Ne fud pas de la pruesce as treis premiers 214,6.

Der Gebrauch der Sammelzahlen ist in unserem
Denkmal wie im Neufranzösischen:

Od centeines e od milliers de cumbaturs 112,4.

Par centeines e par milliers 186,4.

Cent milliers 216,12.

Verhältnisszahlen.

Par treble entravure 246,15.

IV. Die Stellung des attributiven Substantivs.

Die Regel ist die moderne Stellung des attributiven
Substantivs d. h. Nachstellung hinter sein Beziehungswort.

Wenn das attributive Verhältniss durch de ausgedrückt
wird, so haben wir als Beziehungswort:

I) Ein Substantiv:

Riche livreisun de la curt enveiad 155,10.

Les aventures de bataille 157,12.

Li poples de Israel 182,7.

Li graviers de mer 182,10.

La campaigne del desert 183,7.

David de Bethlehem 204,14.

Les travailz de mort me unt aviruned 205,9.

Les fundemenz des mun sunt esmeuz e crodlez 205,15.

2) Ein Zahlwort:

Alcune des lignées 143,7. vgl. unten.

Mil de les deniers 187,11.

Vingt milie de Israel 186,11.

Li primiers de ces cumpaignuns 213,19.

Un des trente pers 214,8.

Li secundz des fiz le rei 221,4.

La meited del aitre 266,1.

Nul des altres 267,11. vgl. unten.

3) Ein personales, demonstratives oder unbestimmtes Pronomen.

Cis de la cited 156,12.

Ces de Israel 184,12; 203,9.

Ces de Evée 216,8.

Nuls des reis 235,7.

Chascuns des trefs 246,17.

Nul de lignées 143,7.

4) Ein Adverb der Quantität.

Mult es de grant miséricorde 217,12.

Vorangehen des attributiven Genitivs vor dem Beziehungswort ist nicht sehr häufig, ausgenommen, wenn „Deu" Genitiv ist, dem ja häufig seiner ethischen Bedeutsamkeit wegen gern ein hervorragender Platz im Satzgefüge eingeräumt wird.

La Deu bénéiçun 141,16.

De la maignée David plusurs 156,13.

Trennung beider durch Satzglieder.

Ki cunestables ert de la chevalerie 231,14.

Maistres en fust de orfaverie, e de purtraiture, e de engravure e de altres enginz 252,2.

E riche ovre i out desure de malegranates, de lilie e de laceiz 253,8.

Der Casus obliquus vertritt im Altfranzösischen alle übrigen Casus mit Ausnahme des Nominativs, deswegen braucht vor persönlichen Begriffen der Genitiv nicht durch eine Casuspartikel ausgedrückt zu werden. Hierfür bietet unser Text eine Menge von Beispielen.

Les fiz Israel 143,4.

De la mort sun père 151,9.

Thamar la surur mun frère 162,15.

La femme Uri 157,15.

Le cunseil Cusai 192,19.

Al sépulcre sun père 184,10.

Mère Joab 184,16.

Del lignage Arapha 203,12.

Les ovres Belial 205,9.

Le ire nostre Seignur 206,10.

Ka funtaine Rogel 221,12. u. v. a.

Es findet auch Verknüpfung durch andere Prae-positionen als de statt.

La lei à hume 145,1.

Une maisun à un humme de Baurim 183,14.

Del parented as géanz 204,2.

Sable à tissurs 204,5.

L'ost as Philistiens 212 gl.

Maistres as trente chevaliers 212,13.

De la pruesce as treis premiers 214,6.

Li reis à Bethsabée 222,8.

Le cunrei à la maisun le rei 238,6.

Es kommen keine Beispiele mit Inversion vor.

Die Apposition.

Sie kann entweder ihrem Beziehungsworte vorantreten oder ihm folgen.

1) **Vor dem Beziehungswort:**

Le prophète David 158 gl.

Al prophète Nathan 142,14.

3) Nach dem Beziehungswort:

Bethsabée la fille Heliam la muillier Uris de Chet 154,14.

Uri le barun 155,5.

Nathan le prophète 158,1.

Absalun tun fiz 178,18.

Cusai li ami David 179,17.

Abiathar les pruveires 183,3.

Achimas le fiz Sadoch 189,7.

Beroth, li esquiers Joab le fiz Sarvie 215,5.

Abisag de Sunam une encrement bele pucel 220,7.

Abiathar li prestres 221,6.

Micol la fille Saül 141,17.

Al prophète Nathan 142,14.

Amon le fiz Naas 157,7.

Béséléel, le bon enginur, le bon ménestrel 204,13.

Le rei David 203,14.

Nachstellung:

Nostre Seignur le rei 189,10.

Mis Sires li rei 218,20.

Abiathar li pruveire 230,3.

Häufung von Appositionen finden wir in diesem Beispiel:

Tiz fud à une vedve del lignage Neptalim le fiz Joab le fiz Isaac 253,1.

V. Stellung des Adjectivums.

Im Lateinischen erschien die Stellung des Adjectivums nach dem von ihm qualitativ bestimmten Substantiv die natürlichste, obgleich Wohlklang und Rhythmus hier eine bedeutende Rolle spielten und sehr grosse Freiheit der Stellung gestatteten.

Für's Altfranzösische, sagt Diez, ist anzunehmen, dass das Adjectiv seinem Substantiv häufiger vorangeht, als die

gegenwärtige Grammatik gestattet. Auch mit der von der
Stellung gewisser Adjectiva abhängigen, verschiedenen Stellung wird es in älterer Zeit weniger streng genommen.

Wir sehen also, dass das Altfranzösische in der Mitte
steht zwischen der rhetorischen Freiheit der antiken Sprache
und den einigermassen systematischen Regeln des modernen
Französisch.

Völcker, p. 39, belegt für die älteren französischen
Denkmäler, die Ansicht Diezens, der Morf widerspricht, gesteht aber zu, dass in den späteren Texten sich eine Neigung
geltend macht, das Adjectiv und Substantiv voranzustellen.

Um die für unseren Text gebräuchliche Stellung des
Adjectivs festzustellen, legen wir die von Diez für das Neufranzösische aufgestellten Regeln zu Grunde, indem wir sie
auf die Q. L. d. R. anwenden.

1. **Das Adjectivum drückt eine dem Nomen inhärente Eigenschaft aus und geht demselben
   dann voraus.**

La privée maidnée 238,1.

Veire repentance 262,6.

Halte voiz 265,1.

Grans sacrefises e oblatiun 265,13.

Les riches trésors 296,10.

Es wird invertiert:

Deu verais 146,6.

Auch hier ist Deu aus dem p. 59 angeführten Grunde
vorangestellt.

2) **Ist die Eigenschaft zufällig unterscheidend,
so geht das Adjectiv seinem Nomen voran.**

Homicide hume Bélial 178,15.

Une sage femme 167,13.

La cumune pasture 239,20.

Sag fiz 243,2.

Diverses genz 244,22. Anm.

Riches ovres e riches portraitures 248,21.

Li antif hume 258,1.

Dous petiz fus 259,1.

Oder aber es wird nachgestellt:

Des vestemenz réals 141,1.

Al sied réal 230,8.

Sun fiz mort 236,4.

Argent e pierres prétiuses 243,17.

Pierres grosses 245,18.

Li fiz estrange 209,18.

Von dem Einfluss des Rhythmus bemerken wir noch keine bedeutenden Spuren in unserem Texte, da bisweilen Adjective von grossem Umfange vor kürzere Substantive gestellt werden.

Malfeisantes genz 278,13.

Une grandime pluie 319,9.

Kurze Adjective von häufigem Gebrauche gehen wie im Neufranzösischen gern voran.

Ses males ovres 228,2.

Li bons reis David 228,12.

Bele mère 235,4.

Grant apareil 244,15.

Riche entaille 250,8.

Larges places 251,6.

Beles places 251,9.

Riche ovre 253,8.

Fin or 257,5.

Une riche maisun 266,24.

Grant marement. 321,15.

Doch findet man sie auch nachgestellt:

Un mantel nuef 279,9.

Preies grandes 107,11.

Une cave grande 93,12.

Cunvivie riche 235,14.

Dous us petiz 249,3.

Un menestrel bon 252,2.

Li siez réals 267,5.

Pierres grosses 245,18.

Die eine rein sinnliche Eigenschaft ausdrückenden Adjectiva stehen bald vor, bald nach ihrem Beziehungswort:

En la Ruge mer 145,13.

Dur graim 245,5.

Marbre blanc 246,6.

Blanc marbre 246,8.

Columpnes rundes 247,17.

Luisante plate 248,3.

De seie ruge, e bleue, e purpre 249,8.

De fil blanc 249,9.

De grosse envirun 253,4.

Adjectiva, welche äussere Verhältnisse und leibliche Zustände ausdrücken, sind nicht an die Stellung nach dem Subject gebunden.

De er masséiz 250,5.

Merveillus vaissels 251,3.

Un menestrel merveillus 252,4.

Set anz entiers 257,14.

Merveillus apareil 259,11.

Adverbien, die dem Adjectiv vorausgehen, bedingen nicht immer Nachstellung des Adjectivs:

Mult riche entaille 249,6.

Une encrement bele pucele 220,7.

Das Participium passivi tritt vor das Substantiv.

Sun privé cunseiller 214,7.

Acuragée ureisun 3,12.

Amon ont sun prived ami 162,12.

Si i furent taillez Chérubim 255,3.

Es folgt ihm:

Lin teissuz 249,9.

Das Participium praesentis folgt seinem Substantivum:

Apelèrent cel lieu la Pièrre departante 93,3.

Hum mal faisant 178,19.

Trennung des nachgestellten Adjectivs von seinem Beziehungswort:

Tables de sap serrément juintes e bien asis.

Uns paliz de cèdre bien juinz e acuplez 250,18.

Columpnes de cèdre quarante-cinc riches e haltes 266,10.

Un trône de ivurie merveillus 273,15.

Bei diesem Beispiel ist ein Einfluss des Rhythmus nicht zu verkennen.

Wenn zwei Adjective zu einem Substantive gehören, so kann es vorkommen, dass das eine vorangeht und das andere folgt.

De riche pierre e grosse 267,7.

Riche entaille e bien eschevie 250,8.

E grant num te féis e merveilluses choses e horribles 145,11.

Beide gehen voraus:

Grant e esforcible cumpaignie 407,18.

Der lateinische Text der Vulgata zeigt eine entschiedene Tendenz, die Adjectiva ihrem zugehörigen Substantiv nachzustellen. Man hätte gerade bei der Stellung der Adjective einen grösseren Einfluss des Lateinischen auf den Stil des französischen Uebersetzers erwarten sollen, doch lässt sich ein solcher nicht constatiren, da sich im Gegenteil eine bedeutende Vorliebe für die Stellung des Adjectivs vor einem Beziehungswort bemerkbar macht.

Eine Untersuchung hat ergeben, dass unter hundert Fällen 64 mal das attributive Adjectiv vor dem Nomen steht, während 36 mal Nachstellung vorkommt.

VI. Stellung des Adverbs zu Adjectiv und Adverb.
cf. Schlickum p. 42, Morf p. 287.

Das ein Adjectiv oder Adverb näher bestimmende Adverb gehört genau genommen nicht zu den attributiven Bestimmungen; da wir aber oben von der Stellung des Adverbs zum Verb gehandelt haben, so schliesst sich die Behandlung der Stellung des Adverbs zu Adjectiv und Adverb wohl schicklicherweise hier an.

Wie Morf ausführt, gehört der neufranzösischen Regel nach ein Adverb zu dem Worte, vor welches es unmittelbar gesetzt ist.

Stehen solche Adverbien vor einem Verbum, so steigern sie den Verbalbegriff, so dass z. B. „mult est granz" bedeutet: er ist in hohem Masse gross.

Auch in unserem Texte stehen die Adverbien meistens unmittelbar vor dem Worte, dass sie näher bestimmen:

mult

E li reis dunad mult riches duns 281,11.

Tis pères nus tint mult dur 162,23.

Doch: Cil Jonathas fud cuintes mult 162,23.

plus

Plus pesant le vus frai 282,17.

très

Li plus très petiz 282,14.

durement

Si fud durement bele 154,12.

forment

En la cited entrad od forment grant compagnie 271,8.

Jo ai forment grant destreit 110,7.

tut

Tut las 179,14.

VII. Das absolute Particip.

Ausser einem einzigen Beispiele ist uns kein absolut gebrauchtes Particip, weder praesentisches noch passivisches aufgestossen. In diesem Beispiel steht das Participium perfecti vor seinem Beziehungswort.

Acuragée ureisun 3,12.

Aber selbst hier könnte man „acuragée" als Adjectiv auffassen.

Inhalts-Verzeichniss.

———➤●◄———

———◄●◆●►———

Vita.

Guilelmus Conradus Bartels natus sum die I. Januarii a. h. s. LVII in oppido quod Wunstorf nominatur patre Ferdinando quem morte praematura ereptum valde lugeo, matre Amalia e gente Gleichen quam adhuc superstitem esse gaudeo. Fidei addictus sum evangelicae. Litterarum elementis imbutus Gymnasio reali Hanoverae susceptus sum. Maturitatis testimonio instructus tempore paschali a. h. s. LXXXI Gottingae philosophorum ordini adscriptus sum et studio linguarum recentiorum per quatuor semestria incubui. Magistri mei doctissimi atque illustrissimi fuerunt Gottingae: Vollmöller, Napier, Andresen, Baumann, G. E. Müller, Goedeke, Ueberhorst, Wagner. Londinum et Lutetiam Parisiorum me contuli ubi studio linguae et Anglicae et Francogallicae me dederem.

In patriam reversus Heidelbergas petivi ibique circa tres annos scholis interfui quas habebant viri doctissimi et illustrissimi Bartsch, Osthoff, Freymond, Holthausen. Eodem tempore in schola Anglica „Neuenheim College" quæ vocatur officia magistri perfeci.

Benevolentia Caroli Bartsch atque Caroli Vollmöller mihi contigit ut seminarii Romanici et Anglici essem sodalis.

Omnibus viris illustrissimis optime de me meritis gratias quam maximas et ago et habebo.